BEI GRIN MACHT SICH IHR WISSEN BEZAHLT

- Wir veröffentlichen Ihre Hausarbeit, Bachelor- und Masterarbeit

- Ihr eigenes eBook und Buch - weltweit in allen wichtigen Shops

- Verdienen Sie an jedem Verkauf

Jetzt bei www.GRIN.com hochladen und kostenlos publizieren

Bibliografische Information der Deutschen Nationalbibliothek:

Die Deutsche Bibliothek verzeichnet diese Publikation in der Deutschen Nationalbibliografie; detaillierte bibliografische Daten sind im Internet über http://dnb.d-nb.de/ abrufbar.

Dieses Werk sowie alle darin enthaltenen einzelnen Beiträge und Abbildungen sind urheberrechtlich geschützt. Jede Verwertung, die nicht ausdrücklich vom Urheberrechtsschutz zugelassen ist, bedarf der vorherigen Zustimmung des Verlages. Das gilt insbesondere für Vervielfältigungen, Bearbeitungen, Übersetzungen, Mikroverfilmungen, Auswertungen durch Datenbanken und für die Einspeicherung und Verarbeitung in elektronische Systeme. Alle Rechte, auch die des auszugsweisen Nachdrucks, der fotomechanischen Wiedergabe (einschließlich Mikrokopie) sowie der Auswertung durch Datenbanken oder ähnliche Einrichtungen, vorbehalten.

Impressum:

Copyright © 2016 GRIN Verlag, Open Publishing GmbH
Druck und Bindung: Books on Demand GmbH, Norderstedt Germany
ISBN: 9783668490932

Dieses Buch bei GRIN:

http://www.grin.com/de/e-book/370053/erstellung-einer-marktanalyse-und-eines-marketingkonzepts-fuer-ein-discounter-fitnessstudio

Paul Krieger

Erstellung einer Marktanalyse und eines Marketingkonzepts für ein Discounter-Fitnessstudio

Fitnessökonomie: Marketing I

GRIN Verlag

GRIN - Your knowledge has value

Der GRIN Verlag publiziert seit 1998 wissenschaftliche Arbeiten von Studenten, Hochschullehrern und anderen Akademikern als eBook und gedrucktes Buch. Die Verlagswebsite www.grin.com ist die ideale Plattform zur Veröffentlichung von Hausarbeiten, Abschlussarbeiten, wissenschaftlichen Aufsätzen, Dissertationen und Fachbüchern.

Besuchen Sie uns im Internet:

http://www.grin.com/

http://www.facebook.com/grincom

http://www.twitter.com/grin_com

Deutsche Hochschule für
Prävention und Gesundheitsmanagement

Hermann Neuberger Sportschule 3

66123 Saarbrücken

Hausarbeit (kollektive Prüfungsleistung)

Modul	Marketing I
Studiengang	BFÖ
Datum Präsenzphase	24.10-26.10.16
Studienort	Berlin
Gruppe bzw. zu bearbeitende Stadt	Gruppe 2, Hamburg
Unternehmenstyp*	**Fitnessstudio, Discount-Segment**

* abhängig von Aufgabenstellung: jeweils den zu bearbeitenden „Unternehmenstyp" eintragen

Inhaltsverzeichnis

1 MARKTBESCHREIBUNG/-ANALYSE 3

1.1 Allgemeine Informationen über den Unternehmenstyp 3

1.2 Lage und Standort des Unternehmens 4

1.3 Bestimmung von zwei Marktgebieten 4

1.4 Makroumfeldanalyse und Abschätzung des Marktpotenzials 5

1.5 Wettbewerbsanalyse 6

1.6 Beurteilung der Marktanalyse 6

2 MARKETINGPLANUNG 7

2.1 Budgetplanung 7

2.2 Kommunikationspolitik 7

2.3 Werbeplanung 9

2.4 Kostenkalkulation/Budgetvergleich bei der Werbeplanung 10

2.5 Synergieeffekte im Rahmen der Kommunikationspolitik 11

3 ABSCHLUSSSTATEMENT 11

4 LITERATURVERZEICHNIS 13

5 ABBILDUNGS- UND TABELLENVERZEICHNIS 15

5.1 Abbildungsverzeichnis 15

5.2 Tabellenverzeichnis 15

1 Marktbeschreibung/-analyse

1.1 Allgemeine Informationen über den Unternehmenstyp

Tabelle 1: Hauptzielgruppe und ihre Merkmale

Hauptzielgruppe	Merkmale
Jugendliche	- 15-25 Jahre alt - Auszubildende - Studenten - Schüler - sportafin

Die Positionierung des Unternehmenstypen am Markt wird mit dem Sozialaspekt getätigt. Der Sozialaspekt wird durch eine integrierte Proteinbar im Studio gefördert. Die Proteinbar beeinhaltet ein großes Sortiment an frisch zubereiteten Proteinshakes und anderen gängigen Supplements (Aminosäuren, Kreatin, Trainingsbooster uvm.). Zur Proteinbar kommt eine große „Chill-Lounge" mit vielen Sesseln und Tischen hinzu, welche eingebaute PC´s besitzt. Die Jugendlichen können die PC's für ihre anfallenden Hausaufgaben oder auch, mit Einschränkungen, für den privaten Gebrauch nutzen. Auf Anfrage können sie auch Dokumente o.ä. drucken. Um die Atmosphäre noch zu verbessern gibt es im ganzen Studio, welches im Retro-Design der 70er Jahre aufgebaut ist, freies W-LAN.

Tabelle 2: Produkt-, Preis-, Distributionspolitik des Discounterunternehmens aus der Positionierung

Bestandteile des Marketings	Merkmale
Produktpolitik	- großer Freihantelbereich bis 100 kg - großer Gerätepark (Hammer Strength) - großer Cardiobereich - großes Kursprogramm - integrierte Proteinbar (myprotein) inkl. Chill-Lounge mit kostenlosen Zeitschriften und PC-Nutzung - kostenlose indivduelle Trainingspläne und Ernährungscoachings - kostenloses Drucken von Dokumenten - kostenloses WLAN - kostenlose Parkplätze - kostenlose Duschen - kostenloses Probetraining

Preispolitik	- monatlicher Beitrag von 19,90 € (brutto)
	- Aufnahmegebühr von 25,00 € (brutto)
	- Zusatzangebote:
	   o frische Eiweißshakes:
	      ▪ einmalig: 3,00 €
	      ▪ monatliche Flatrate: 35,00 €
	   o Supplemente (Kreatin, Aminosäuren, Trainingsbooster usw.): 3,00 € - 40,00 €

Distributionspolitik	- Direkter Absatz:
	   o Sportfeste in Schulen/Universitäten veranstalten
	   o Seminare über Training und Ernährung in umliegenden Jugendzentren halten
	- Indirekter Absatz:
	   o Grouponangebote erstellen
	   o Gutscheine bei Bestellungen von Myprotein und in naheliegenden Geschäften (H&M, street one, dm-drogerie markt)

1.2 Lage und Standort des Unternehmens

Tabelle 3: Lage und Standort des Unternehmens samt Beschreibung und Begründung

Standort	Wariner Weg 1, 22143 Hamburg
Beschreibung des Standortes	- befindet sich im Hamburger Stadtteil Rahlstedt - befindet sich neben dem Bahnhof Hamburg Rahlstedt - befindet sich direkt im Rahlstedt Center (mit vielen anderen Geschäften) im 1.OG
Begründung des Standortes	- größte Bevölkerung in Hamburg (88.094 Einwohner) - größte Anzahl an Schülern der Sekundarstufe I in Hamburg (5.104 Schüler) - mittlere prozentuale Anzahl an Schülern in Stadtteilschulen (53 %) und Gymnasien (43,2 %) - goße Anzahl an unter 18 jährigen (14.894 Einwohner) - Durchschnittliches Einkommen je Steuerpfichtigen (31.196 €) - große Erreichbarkeit durch Bus (15 Buslinien + der ZOB) und Bahn (RB und RE) - an einer großen Straße (Rahlstedter Str./Sieker Landstraße) und in der Nähe der A1 - zwei Gymnasien in unmittelbarer Nähe, sonst 16 weitere staatliche Schulen in Rahlstedt - mehrere Geschäfte in der Nähe (u.a. H&M, dm-drogerie markt, Medimax, Douglas Parfümerie, McDonald´s, ALDI) - direkt im Rahlstedt Center - wenig geographische Grenzen

1.3 Bestimmung von zwei Marktgebieten

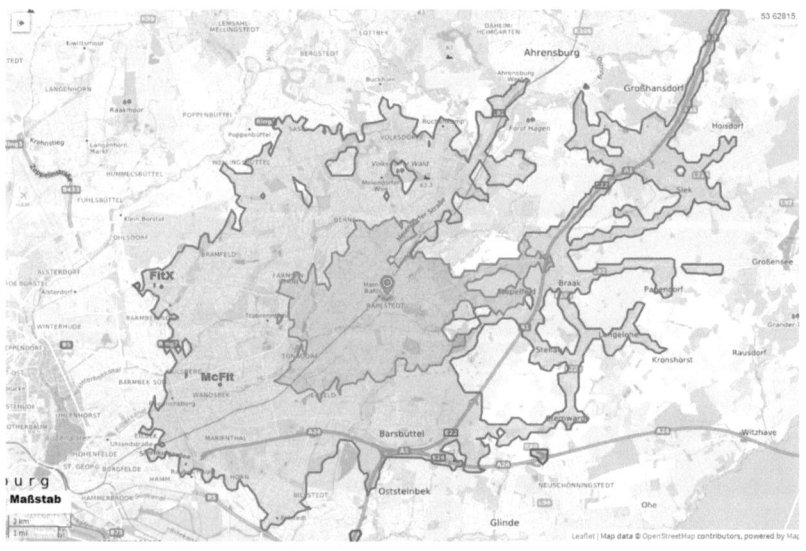

Abbildung 1: Marktgebiete des Unternehmenstypen (OpenRouteService, 2016)

Aufgrund des Platzmangels sind die kleinen Gebiete im Norden und Süden nicht mehr ganz auf der Karte abgebildet. Die Markgebiete sind jeweils für 6 min und 12 min ausgelegt, welche mit dem openrouteservice ermittelt wurden. Der Maßstab der Karte beträgt 2km = 1,5cm.

1.4 Makroumfeldanalyse und Abschätzung des Marktpotenzials

Tabelle 4: Kaufkraft, Arbeitslosenquote und Altersverteilung in Hamburg

Kaufkraft (vgl. GfK Geomarketing GmbH, 2016)	24.024 € / Index: 109,8
Arbeitslosenquote (vgl. Bundesagentur für Arbeit, 2016)	6,8 %
Altersverteilung (vgl. Statistisches Amt für Hamburg und Schleswig Holstein, 2016)	Unter 1 bis 10: 167.502 Einwohner 10 bis 20: 156.408 Einwohner 20 bis 30 :253.264 Einwohner 30 bis 40: 281.084 Einwohner 40 bis 50: 262.208 Einwohner 50 bis 60: 244.438 Einwohner 60 bis 70: 170.676 Einwohner 70 bis 80: 161.218 Einwohner 80 bis 90: 74.623 Einwohner 90 und älter: 15.987 Einwohner

Tabelle 5: Anzahl der Einwohner im Marktgebiet des Unternehmens

	Stadtteil	%	Einwohner	Stadtteil	%	Einwohner
Marktgebiet 1	Rahlstedt	90	79.284			
	Stapelfeld	100	1.691			
	Jenfeld	10	2.475			
	Tonndorf	70	9.583			
	Farmsen-Berne	20	6.932			
Gesamt			99.965			
Marktgebiet 2	Rahlstedt	10	8.810	Barsbüttel	98	12.032
	Farmsen-Berne	80	27.732	Brunsbek	50	855
	Tonndorf	30	4.108	Braak	100	966
	Bramfeld	100	50.838	Siek	100	2.331
	Steilshoop	100	19.273	Hoisdorf	5	174
	Dulsberg	100	17.282	Großensee	2	34
	Barmbek-Nord	5	2.011	Großhansdorf (Schierholzkaten)	40	3.727
	Barmbek-Süd	5	1.655	Todendorf (Esso Tankstelle)	1	12
	Eilbek	50	10.490	Ahrensburg	5	1.580
	Wandsbek	100	33.591	Volksdorf	50	10.186
	Marienthal	100	12.358	Sasel	60	14.019
	Jenfeld	90	22.276	Poppenbüttel	0,5	112
	Hamm	5	1.897	Wellingsbüttel	50	5.207
	Horn	50	19.148	Ohlsdorf	20	3008
	Billstedt	15	10.470			
Gesamt			241.939			54.243
Marktgebiet 1 + 2			396.147			

Nachdem wir die Anzahl der Einwohner aus den zwei Markgebieten ermittelt haben, folgt die Berechnung des Marktpotenzials (das Marktgebiet 2 soll mit einem Faktor von 70 gewichtet werden und das Marktpotenzial soll mit einem Wert von 12 % kalkuliert werden).

Marktgebiet 1:   99.965 Einwohner

Marktgebiet 2:   296.182 Einwohner $\times$ 0,7 = 207.327 Einwohner

Marktgebiet Gesamt: 307.292 Einwohner $\times$ 0,12 = 36.875 Einwohner

Das Marktgebiet hat ein Marktpotenzial von 36.875 Einwohnern.

1.5 Wettbewerbsanalyse

Tabelle 6 Analyse der zwei stärksten Mitbewerber

Unternehmensname	McFit Global Group GmbH	FitX Deutschland GmbH
Unternehmensbeschreibung	Standort: Walddörferstraße 140-142, 22041 Hamburg McFit, bzw. die McFit Global Group GmbH, gibt es seit 1997. Es ist ein Unternehmen im Discount Segment und ist das mitgliedsstärkste Fitnessunternehmen in Europa mit rund 1,4 Millionen Mitgliedern. Der Slogan von McFit lautet: „einfach gut aussehen" – welches die breite Masse ansprechen soll. Wer bei McFit anfangen möchte, kann für 19,90 € im Monat (inkl. Aktivierung der Membercard für einmalig 19.90 €) in 243 Studios (Deutschland, Österreich, Spanien, Italien, Polen) 24 Stunden am Tag auf der Trainingsfäche (Freihantelbereich, Gerätebereich, Cardiobereich) und in den Cyberobic-Kursen trainieren.	Standort: Schwarzer Weg 28, 22309 Hamburg FitX, bzw. die FitX Deutschland GmbH, gibt es seit 2009. Es ist ein Unternehmen im Discount Segment mit dem Schwerpunkt auf Kurse. Ihr Slogan lautet: „for all of us", welchen sie im Deutschen mit „fitness für uns alle" übersetzen. Bei FitX kann man für 15 Euro im Monat (inkl. einer Anmeldegebühr von 27 Euro) die ganze Fitnessfläche, alle Kurse, sowie die Mineralgetränkebar in allen 48 Studios 24 Stunden am Tag nutzen.
Unternehmensstärken im Vergleich zu meinem Unternehmen	1. Große Erreichbarkeit von 243 Studios in Deutschland (8 in Hamburg) 2. 24 Stunden geöffnet	1. Niedrigerer Monatsbeitrag 2. Kostenlose Mineralgetränkebar
Unternehmensschwächen im Vergleich zu meinem Unternehmen	1. Keine individuelle Betreuung 2. Keine personenbezogene Kurse	1. Geringes Sortiment an Proteinshakes und anderen Supplements 2. Kein W-LAN

1.6 Beurteilung der Marktanalyse

Die Attraktivität des Marktgebietes ist sehr groß für meinen Unternehmenstypen. Das Marktgebiet breitet sich weit auf viele Stadtteile und kleine Gemeinden außerhalb Hamburgs aus. Desweiteren beinhaltet das Markgebiet bzw. auch der direkte Standort eine gute technische, als auch soziale Infrastruktur (Bus, Bahn, Schulen, Akademien usw.) mit vielen Geschäften (u.a. H&M, dm-drogerie markt, Medimax), welche für die Hauptzielgruppe als attraktiv gewertet wird.

Das geplante Ziel von 2.000 Mitgliedern im ersten Geschäftsjahr sehe ich als realistisch an. Die Gründe dafür sind die geringe Anzahl an Fitnessstudios des Discounter Segments in den jeweiligen Stadtteilen des Marktgebietes, das hohe Marktpotenzial mit 36.870 Personen und die große Distanz zu den stärksten direkten Konkurrenten (McFit und FitX die sich am Rand des Marktgebietes 2 befinden).

2 Marketingplanung

2.1 Budgetplanung

Das Jahresmarketingbudget wird anhand der „Marketingkosten pro Neukunde"-Methode berechnet:

25 € × 2.000 $Mitglieder$ = 50.000 €

Das Jahresmarketingbudget für das Fitnessstudio im Discount-Segment beträgt 50.000 €.

2.2 Kommunikationspolitik

Für die Kommunikationspolitik der Kampagne wurde die Werbung, das Eventmarketing und die Verkaufsförderung ausgewählt. Das Eventmarketing wurde gewählt, weil die klassische Werbeform aufgrund der Reizüberflutung nicht mehr oder nur bedingt wahrgenommen wird. Aus diesem Grund werden im Eventmarketing die Marketingziele erlebnisoriertiert umgesetzt und Erlebniswelten geschaffen, in denen Produkte und Dienstleistungen eingebettet sind (Erber, 2000, S. 68). Diese werden von der Hauptzielgruppe besser aufgenommen und verarbeitet, und geben dem Unternehmen somit ein besseres Image und erhöhen den Bekanntheitsgrad. Die Verkaufsförderung wurde gewählt, um alle am Absatzprozess beteiligten Instanzen (eigene Verkaufsorgane, Absatzmittler, Kunden) zu unterstützen, zu motivieren und zu informieren (Weis, 2010, S 219.).

Tabelle 7: Kommunikationspolitik der Kampagne und dessen Botschaften

Primäre Ziel	Das primäre Ziel der Kampagne ist es 500 Mitglieder in zwei Monaten zu gewinnen
Gesonderten Ziele der drei Kommunikationsinstrumente	1. Werbung: Information über Leistung innerhalb von zwei Monaten 2. Eventmarketing: aufbauen eines guten Images + Bekanntheit erhöhen am 06.01.17 3. Verkaufsförderung: Unterstützung der Absatzprozesse innerhalb von zwei Monaten
Botschaften der Kampagne	o Neues, innovatives Fitnessstudio zum hart trainieren und anschließendem Abhängen in einer auf Jugendliche abgestimmte Chill-Lounge, samt integrierter Proteinbar und PC Nutzung. o „Vorverkaufssportlerparty" am 06.01.2017 mit live DJ's und Kostproben aus dem großen Sortiment der Proteinbar zum kennenlernen des Fitnessstudios. o Die ersten 500 Mitglieder trainieren die ersten sechs Monate für den halben Monatspreis (9,95 € statt 19,90 €) und sparen sich die Anmeldegebühr im Wert von 25 €.

Inhalt der Kampagne	Die Kampagne beeinhaltet eine „Vorverkaufssportlerparty", die im Vorfeld reichlich zum 06.01.2017 von 18 bis 24 uhr mit Kinospots, Plakaten und Flyern beworben wird. Der Fokus der Werbung liegt auf der Hauptzielgruppe (Jugendliche von 15-25 Jahren). Somit werden die Flyer in und an den Schulen, Universitäten, Ausbildungsbetrieben Einkaufszentren und Jugendfreizeitheimen verteilt, sowie die Plakate an den Bus- und Bahnstationen der jeweiligen Einrichtungen.
	Auf der „Vorverkaufssportlerparty" wird man dann einen ersten Eindruck vom Studio und der Proteinbar gewinnen können, welche mit Live-Musik von DJ's untermalt wird. Damit man auf der Party nicht nur etwas zum hören und sehen hat, werden die ganze Zeit frisch zubereitete Kostproben von der Proteinbar an die Interessenten rausgegeben. Die Interessenten haben zu jeder Zeit auf der Party die Möglichkeit eine von 500 vergünstigten Mitgliedschaften abzuschließen (9,95 € monatlich statt 19,90 € für die ersten 6 Monate + Erlass der Anmeldungsgebühr im Wert von 25,00 €). Die Mitgliedschaften werden mit einer Sporttasche und ein paar Give-Aways (3-Tages Gutschein für einen Freund, Kugelschreiber, Trinkflasche und ein Handtuch) aufgewertet.
	Die Inhalte wurden so gewählt, dass man die Zielgruppe (Jugendliche) dazu animiert vorbeizukommen um vor Ort ihre Erlebnis- und Genussorientierung zu steigern (Erber, 2000, S. 68). Desweiteren wird sich der Bekanntheitsgrad erhöhen, wenn sich die Zielgruppe an den Tagen danach mit ihren Mitschülern, Mitarbeitern oder im Allgemeinen mit ihren Freunden und/ oder Verwandten über dieses Event unterhalten und somit persönliche Empfehlungen aussprechen.

Tabelle 8: Zeitliche Organisation der Kampagne

Datum	Planung	Wer	Bis wann
04.11.16	Angebote für DJ's, Außenwerbung mit Plakaten, Kinowerbung, des Flyer- und 3-Tages-Gutscheindrucks, Myprotein Proben, Sporttaschen, Kugelschreiber, Trinkflaschen und Handtücher einholen	Marketingabteilung	11.11.16
11.11.16	Buchung des DJ's, der Kinowerbung (123 Kinowerbung.de), der Außenwerbung mit Plakaten (123 Plakat) und Bestellung der Flyer (diedruckerei.de), 3-Tages-Gutscheine, Myprotein Proben, Sporttaschen, Kugelschreiber, Trinkflaschen und Handtücher	Marketingabteilung	18.11.16
02.12.16	Einholung der Erlaubnis für die Promotion beim Bürgeramt und in den jeweiligen Einrichtungen	Personalabteilung	09.12.16
08.12.16	Erstellung eines Jobangebotes (Promotion)	Personalabteilung	09.12.16
09.12.16	Veröffentlichung des Jobangebotes (Promotion) und Berwerberdurchlauf für die Promotionstelle	Personalabteilung	23.12.16
09.12.16	Schaltung des Kinospots im UCI Kinowelt Wandsbek und Cinemaxx Wandsbek durch 123 Kinowerbung.de	123 Kinowerbung	06.01.17
23.12.16	Aufhängung der Plakate an den gewünschten Standorten durch 123 Plakatwerbung	123Plakatwerbung	06.01.17
30.12.16	Promotion vor / in Schulen, Universitäten, Ausbildungsbetrieben, Einkaufszentren und Jugendfreizeitheimen	Promoter	06.01.17
04.01.17	organisatorische und technische Vorbereitung für die „Vorverkaufssportlerparty"	Gesamte Team	06.01.17
06.01.17	Start der „Vorverkaufssportlerparty"	Gesamte Unternehmen	06.01.17

Tabelle 9: Erfolgsüberprüfung der Kampagne (modifiziert nach Weis, 2009, S. 557; Weis, 2009, S. 1200; Bruhn, 2012, S. 298 f.; Poth & Poth, 2003; Kotler, Keller & Bliemel, 2007, S.1200)

Die Erfolge können anhand von Kennzahlen überprüft werden. Für die Werbung ist es: • Der Tausend-Kontakte-Preis (TKP) • Die Bruttoreichweite • Die Gross Rating Points (GPR) • Die Nettoreichweite • Der Durchschnittskontakt/ die Kontaktdosis • Die Affinität • Der Marktanteil • Der Streuverlust • Der Recall • Die Recognition Für die Verkaufsförderung ist es: • Die Kosten für Aufsteller pro verkauftem Gut/ verkaufter Dienstleistung oder auch Anteil an jedem Euro Umsatz • Die Rücklaufquote • Die Transferquoten • Die Anzahl der Anfragen auf eine dezidierte Aktion • Die Anzahl der verteilten Gutscheine, die eingelöst wurden • Die Anzahl der Sonderbedingungen verkaufter Menge Für die Distribution ist es: • Die Logistikkosten pro bewegter Warenmenge • Prozent korrekt ausgeführter Aufträge • Prozent pünktlicher Lieferungen • Prozent fehlerhafter Rechnungen

2.3 Werbeplanung

Tabelle 10 Werbemittel und ihre Werbeträger samt Begründung

Werbemittel	Flyer	Kinospot	Plakat
Werbeträger	Promoter/in	UCI Kinowelt Wandsbek und Cinemaxx Wandsbek	Großflächen / elektronische Billboards
Begründung	- Haben eine große Reichweite, da die Promoter nicht standortfixiert sind - Zielgruppe wird direkt angesprochen, somit können erste Fragen beantwortet werden - Relativ günstig und einfach planbar - Verweildauer hält die Kampagne über an - Es werden schon Emotionen übermittelt	- Sehr große Reichweite - Zielgruppenpassendes Medium (Hauptzielgruppen im Kino 18-29 Jahre) - Wird in einer ruhigen Atmosphäre akzeptiert und besser aufgenommen - Sehr gutes Preis-/Leistungsverhältnis - Verweildauer: 4 Wochen - Überdurchschnittlicher Erinnerungswert - Steigert regionalen Bekanntheitsgrad - Image Verbesserung	- Haben eine große Reichweite, besonders in der Nähe von Bus-/Bahnstationen - Können direkt vor/bei der Zielgruppe platziert werden - Bei guter Aufmachung wird sie von der Zielgruppe gut akzeptiert - Sind je nach Platzierung etwas kostenintensiver, sonst erschwinglich - Verweildauer: 14 Tage
Werbebudget	20 % vom Jahresmarketingbudget (50.000 €) = 50.000€ x 0,2 = 10.000 €		

2.4 Kostenkalkulation/Budgetvergleich bei der Werbeplanung

Für die/den folgende/n Kostenkalkulation/Budgetvergleich stehen uns 20 % des Jahresmarketingbudgets zur Verfügung. Somit beläuft sich unser Werbebudget auf 10.000 €.

Tabelle 11: Kostenkalkulation/Budgetvergleich bei der Werbeplanung

Werbemaßnahme		Kosten	Gesamtkosten der Werbemaßnahme
Kinowerbung	Professioneller Kinospot	745,00 €	
	Kinomaster (DCP) inkl. Saalkopien Spotlänge: 20 Sekunden	305,00 €	
	FSK Prüfung	89,70 €	
	UCI WK (Saal: 6)	749,00 €	4.556,15 €
	UCI WK (Saal: 8)	461,40 €	
	Cinemaxx WQ (Saal: 4)	909,20 €	
	Cinemaxx QQ (Saal: 5)	284,40 €	
	Inkl MwSt (19%)	727,45 €	
Außenwerbung Plakat	Professionelles Plakatmotiv	275,00 €	
	Bargteheider Str. 81. REWE. Si REWE	220,00 €	
	Tonndorfer Hauptstr. 66. PY	209,00 €	
	U-Bf Farmsen Bstg. Gl. 3, 2.Sto.	234,30 €	
	U-Bf Berne Bstg. Gl.1 3.Sto.	291,50 €	
	Rahlstedter Str./Remstedtstr. 47	344,30 €	3.912,60 €
	Rahlstedter Str. 53 re. Quer	322,30 €	
	Bf Rahlstedt Bahnsteig Gleis 2	291,50 €	
	Hermann-Balk-Str./Alte Berner Str. 10 li.	266,20 €	
	Bargteheider Str. 65/B 75/quer am Giebel (Rahlstedt)	270,60 €	
	Doberaner Weg geg. Grubesallee/We.re.	563,20 €	
	MwSt. (19%)	624,70 €	
Promotion	Flyer 10.000 Stk. (diedruckerei.de) Din-Lang 10,5 cm Breite, 21,0 cm Höhe	79,14 €	1.479,14 €
	14 Promoter á 10 Stunden (10 € die Stunde)	1.400,00 €	
Werbekosten Gesamt			9.947,89 €

Um Kosten zu sparen bzw. um die Vermarktungskampagne zu optimieren, hätte man die Angestellten (Studenten, Praktikanten, Trainer, Rezeptionisten etc.) schon eine Woche vor offiziellem Beginn des Studios anstellen können. Somit hätte man an den Kosten für die Promoter/in gespart und Mitarbeiter am Endverbraucher, die sich mit dem Unternehmen identifizieren. Eine weitere Optimierung wäre es gewesen in den Bereich Social-Media-Marketing zu investieren. Dieser Bereich deckt die Zielgruppe ab und z. B. die Werbeschaltung auf Facebook ist in Relation zu den damit zu erreichenden Interessenten kostengünstig.

2.5 Synergieeffekte im Rahmen der Kommunikationspolitik

Für die gesamte Unternehmensgruppe wären im Rahmen der Kommunikationspolitik unternehmenstypübergreifende Synergieeffekte möglich. Man könnte zum Beispiel eine gemeinsame Radiokampagne bei NRJ Hamburg starten. Hier könnte man mehrere Spots (á 30 Sekunden) zu den beliebtesten Zeiten (7-8 Uhr und 16-17 Uhr) abwechselnd abspielen lassen, damit jeder Unternehmenstyp die Chance hat ihre Zielgruppe gut zu erreichen. Ebenfalls möglich wäre es, einen Aufschlag von 20 % bzw. 50 % zu zahlen, um die Spots am Anfang / am Ende des klassischen Werbeblocks oder in Alleinstellung außerhalb des klassischen Werbeblocks zu platzieren. Desweiteren könnte man anhand von Flyern, Gutscheinen und Partnerangeboten die Interessenten, welche sich nicht für das jeweilige Studio entschieden haben, auf die anderen Unternehmenstypen der Unternehmensgruppe aufmerksam machen.

3 Abschlussstatement

Alles in Allem kann man davon ausgehen, dass Hamburg für jeden Unternehmenstypen aus der Unternehmensgruppe als attraktiv zu bewerten ist. Grund hierfür ist, dass jeder aus der Unternehmensgruppe einen für seinen Unternehmenstypen geeigneten Standort gefunden hat, um seine Zielgruppe gut zu erreichen. Desweiteren bietet Hamburg aufgrund seiner hohen Kaufkraft (24.024 € pro Einwohner/ Index 109,8), der jeweiligen Marktpotenzialen der Unternehmenstypen und der geringen Arbeitslosenquote (6,8 %) eine hohe Bereitschaft an, dass sich die Einwohner der Stadt bzw. der Marktgebiete für eine Fitnessmitgliedschaft in einer der Studios entscheiden. Für gute Chancen der Unternehmensgruppe hilft die Ausgefallenheit bzw. der USP der Unternehmenstypen (z. B. Standort des Premium-Segment mitten im Park, integrierte Proteinbar im Discounter Segment mit großer Chill-Lounge und gratis PC Nutzung, selbstständige Kosmetikerin im Damenfitness-Studio). Als Risiko ist der dennoch große Wettbewerbsdruck und die vielen geographischen Grenzen in Hamburg anzusehen.

Die größte Erfolgswahrscheinlichkeit würde ich dem Discounter-Fitnessstudio zuordnen, aufgrund des hohen USP, des hohen Marktpotenzials, der guten Erreichbarkeit und der großen Distanz zu den Hauptkonkurrenten. Auf Grundlage der Analysen aus der ILIAS-Gruppe würde ich alle Studios, mit Außnahme von dem Gesundheitsstudio, an den besagten Standorten platzieren. Gründe für die „nicht-Platzierung" sind: der zu hohe Wettbewerbsdruck (viele Studios mit der gleichen Zielgruppe: u.a. Onlysports Fitness Bootcamp, 25Minutes, Goldfinger Fitness& Massage, BackUp Am Michel), die zu vielen geographischen Grenzen (Alsterfleet, Binnenhafen, Norderelbe usw.) und das nicht vorhandene USP. Für die restlichen Unternehmenstypen wurde der Standort so gewählt, dass sie für die Zielgruppen attraktiv sind und einen hohes Marktpotenzial haben, welches die Sicherung der Neukundengewinnung festigt.

4 Literaturverzeichnis

1-2-3-Plakat.de GmbH (2016). *Kinowerbung einfach online buchen.* Zugriff am 04.12.2016. Verfügbar unter https://www.123kinowerbung.de/home/

1-2-3-Plakat.de GmbH (2016). *Plakatwerbung einfach online buchen.* Zugriff am 04.12.2016. Verfügbar unter https://www.123kinowerbung.de/home/

af+media agentur GmbH (2014). *Kinowerbung –Zielgruppenoriertiert, Transperant, Effektiv.* Zugriff am 04.12.16. Verfügbar unter http://www.kinowerbung.de/warum-kinowerbung

Bruhn, M. (2012). Marketing. *Grundlagen für Studium und Praxis.* (11. Aufl.) Wiesbaden: Springer Gabler.

Bundesagentur für Arbeit (2016). *Berichtsmonat November 2016.* Zugriff am 26.11.16. Verfügbar unter https://statistik.arbeitsagentur.de/Navigation/Statistik/Statistik-nach-Regionen/Politische-Gebietsstruktur/Hamburg/Hamburg-Stadt-Nav.html

Erber, S. (2000). *Eventmarketing – Erlebnisstrategien für Marken.* Landsberg am Lech: Moderne Industrie.

Factfish GmbH (2016). *Einwohnerzahl in Deutschland.* Zugriff am 13.11.2016. Verfügbar unter http://www.factfish.com/de/einwohnerzahl/deutschland

FitX Deutschland GmbH (2016). *FitX – Das Unternehmen.* Zugriff am 13.11.2016. Verfügbar unter https://www.fitx.de/unternehmen

GfK GeoMarketing GmbH (2016). *Kaufkraft der Deutschen steigt um 2 Prozent.* Zugriff am 26.11.16. Verfügbar unter http://www.gfk.com/de/insights/press-release/kaufkraft-der-deutschen-steigt-2016-um-2-prozent/

Google Inc. (2016). *Fitnessstudios in Hamburg.* Zugriff am 13.11.2016. Verfügbar unter https://www.google.de/webhp?sourceid=chrome-instant&ion=1&espv=2&ie=UTF-8#q=Fitnessstudio+in+hamburg&rflfq=1&rlha=0&rllag=53561545,9981025,3021&tbm=lcl&tbs=lf:1,lf_ui:2,lf_pqs:EAE

Kotler, P., Keller, K. & Bliemel, F. (2007). *Marketing-Management. Strategien für wertschaffendes Handeln.* 12. Auflage. München: Pearson.

McFIT Global Group GmbH (2016). *McFit Global Group GmbH Einfach Gut Aussehen.* Zugriff am 13.11.2016 unter https://www.mcfit.com/de/unternehmen/unternehmen/

McFIT Global Group GmbH (2016). *Du und McFit Ein Starkes Team.* Zugriff am 13.11.2016. Verfügbar unter https://www.mcfit.com/de/mitglied-werden/mitgliedschaft/

Onlineprinters GmbH (2016). *Flyer, DIN-Lang.* Zugriff am 04.12.2016. Verfügbar unter https://www.diedruckerei.de/Flyer,-DIN-Lang.htm?websale8=diedruckerei&pi=PFLDL44&ci=000573&depvar_index_setparent=%3CPFLDL44%3E%3CPFLDL44.135...250%253

Poth, L. & Poth, G. (2003). *Gabler Kompakt-Lexikon Marketing.* (2. Aufl.) Wiesbaden: Gabler.

Radio NRJ GmbH (2016). *Energy Mediadaten 2016.* Zugriff am 04.12.16. Verfügbar unter http://energymedia.de/sites/default/files/mediadaten/HH_MEDIA_DATEN_2016_AUGUST.pdf

Statistisches Amt für Hamburg und Schleswig-Holstein (2016). *Die Bevölkerung in Hamburg nach Alter und Geschlecht* 2015. Zugriff am 26.11.16. Verfügbar unter http://www.statistik-nord.de/fileadmin/Dokumente/Statistische_Berichte/bevoelkerung/A_I_3_j_H/A_I_3_j_15_HH_Zensus_endg%C3%BCltige%20Ergebnisse.pdf

Statistisches Amt für Hamburg und Schleswig Holstein (2016). *Hamburger Stadtteilprofil 2015.* Zugriff am 13.11.2016. Verfügbar unter http://www.statistik-nord.de/fileadmin/maps/Stadtteil_Profile_2015/atlas.html

Weis, C. (2009). Marketing. In K. Olfert (Hrsg.) *Kompendium der praktischen Betriebswirtschaft.* (15. Aufl). Ludwigshafen: Kiehl.

Weis, C. (2010). Marketing. In K. Olfert (Hrsg.) *Kompakt-Training Praktische Betriebswirtschaft.* (6. Aufl.). Ludwigshafen: Kiehl.

5 Abbildungs- und Tabellenverzeichnis

5.1 Abbildungsverzeichnis

Abbildung 1: Marktgebiete des Unternehmenstypen (OpenRouteService, 2016) 4

5.2 Tabellenverzeichnis

Tabelle 1: Hauptzielgruppe und ihre Merkmale 3
Tabelle 2: Produkt-, Preis-, Distributionspolitik des Discounterunternehmens aus der Positionierung 3
Tabelle 3: Lage und Standort des Unternehmens samt Beschreibung und Begründung 4
Tabelle 4: Kaufkraft, Arbeitslosenquote und Altersverteilung in Hamburg 5
Tabelle 5: Anzahl der Einwohner im Marktgebiet des Unternehmens 5
Tabelle 6 Analyse der zwei stärksten Mitbewerber 6
Tabelle 7: Kommunikationspolitik der Kampagne und dessen Botschaften 7
Tabelle 8: Zeitliche Organisation der Kampagne 8
Tabelle 9: Erfolgsüberprüfung der Kampagne (modifiziert nach Weis, 2009, S. 557; Weis, 2009, S. 1200; Bruhn, 2012, S. 298 f.; Poth & Poth, 2003;Kotler, Keller & Bliemel, 2007, S.1200) 9
Tabelle 10 Werbemittel und ihre Werbeträger samt Begründung 9
Tabelle 11: Kostenkalkulation/Budgetvergleich bei der Werbeplanung 10

BEI GRIN MACHT SICH IHR WISSEN BEZAHLT

- Wir veröffentlichen Ihre Hausarbeit, Bachelor- und Masterarbeit

- Ihr eigenes eBook und Buch - weltweit in allen wichtigen Shops

- Verdienen Sie an jedem Verkauf

Jetzt bei www.GRIN.com hochladen und kostenlos publizieren